Giornata in spiaggia
Libro da colorare

Coloring Pages for Kids

Coloring Pages for Kids
An imprint of Ciparum LLC

Giornata in spiaggia libro da colorare
© 2017 Ciparum LLC
All rights reserved.
ISBN-10:1-63589-397-6
ISBN-13:978-1-63589-397-7

Coloring Pages for Kids

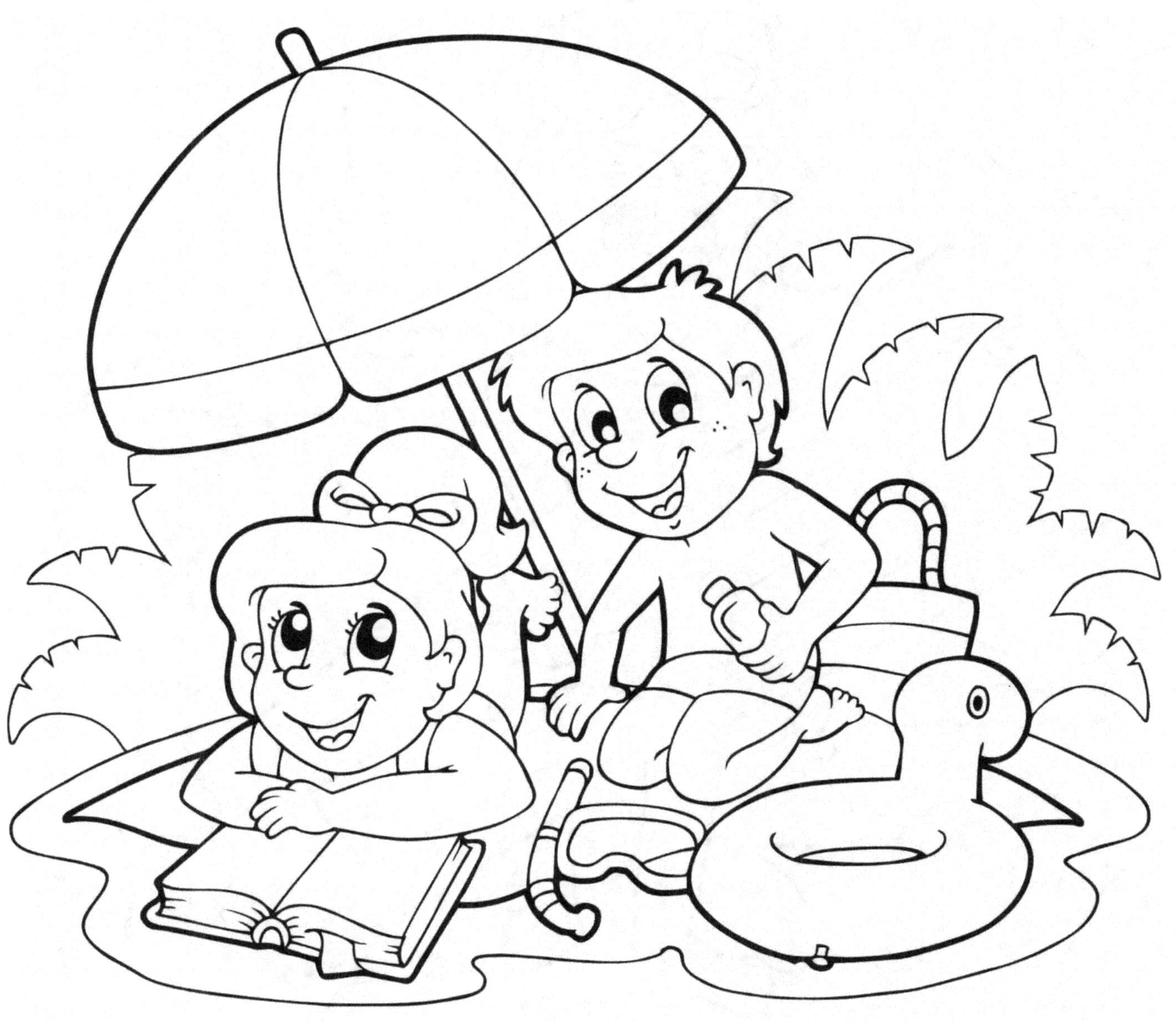

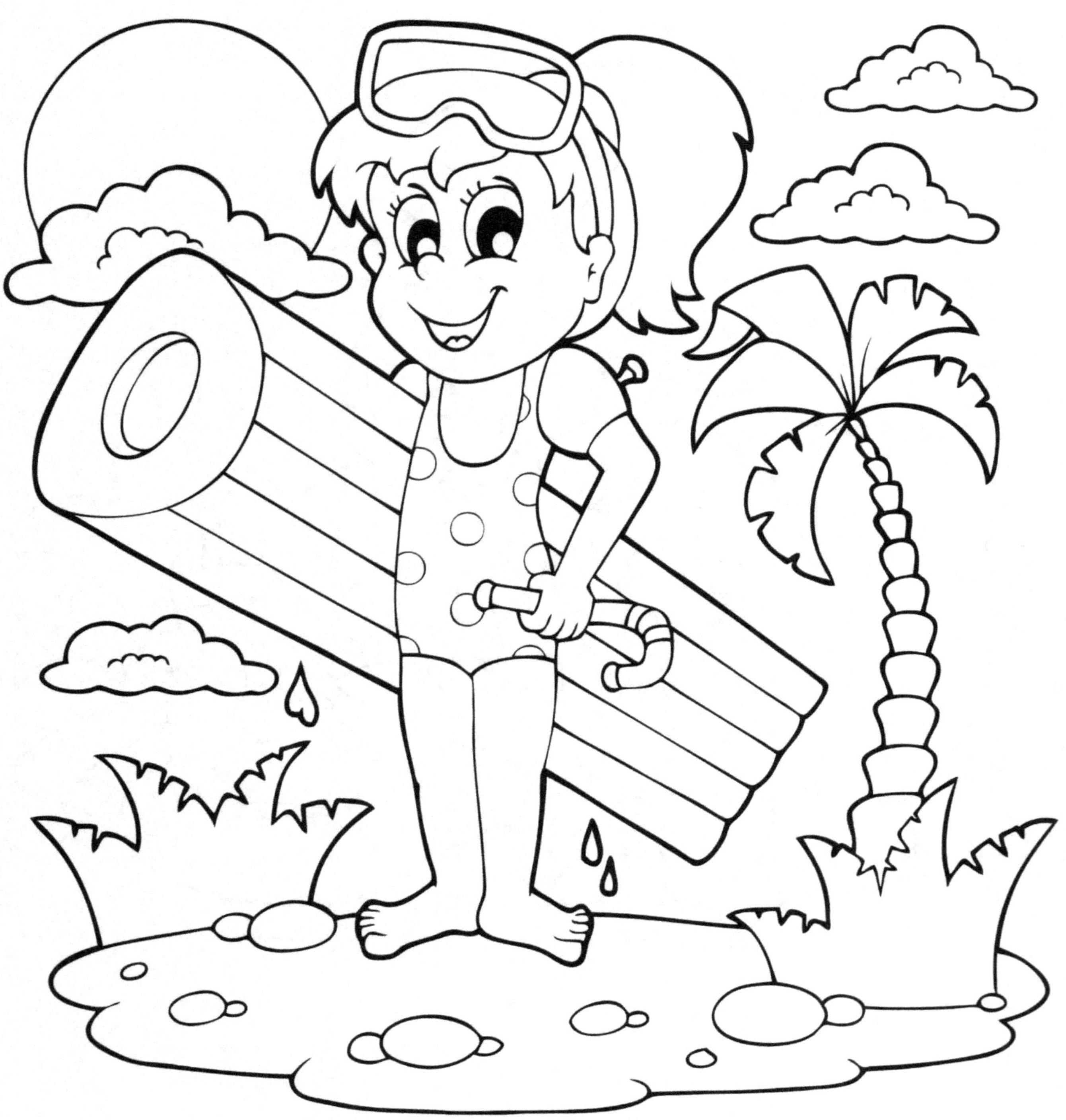

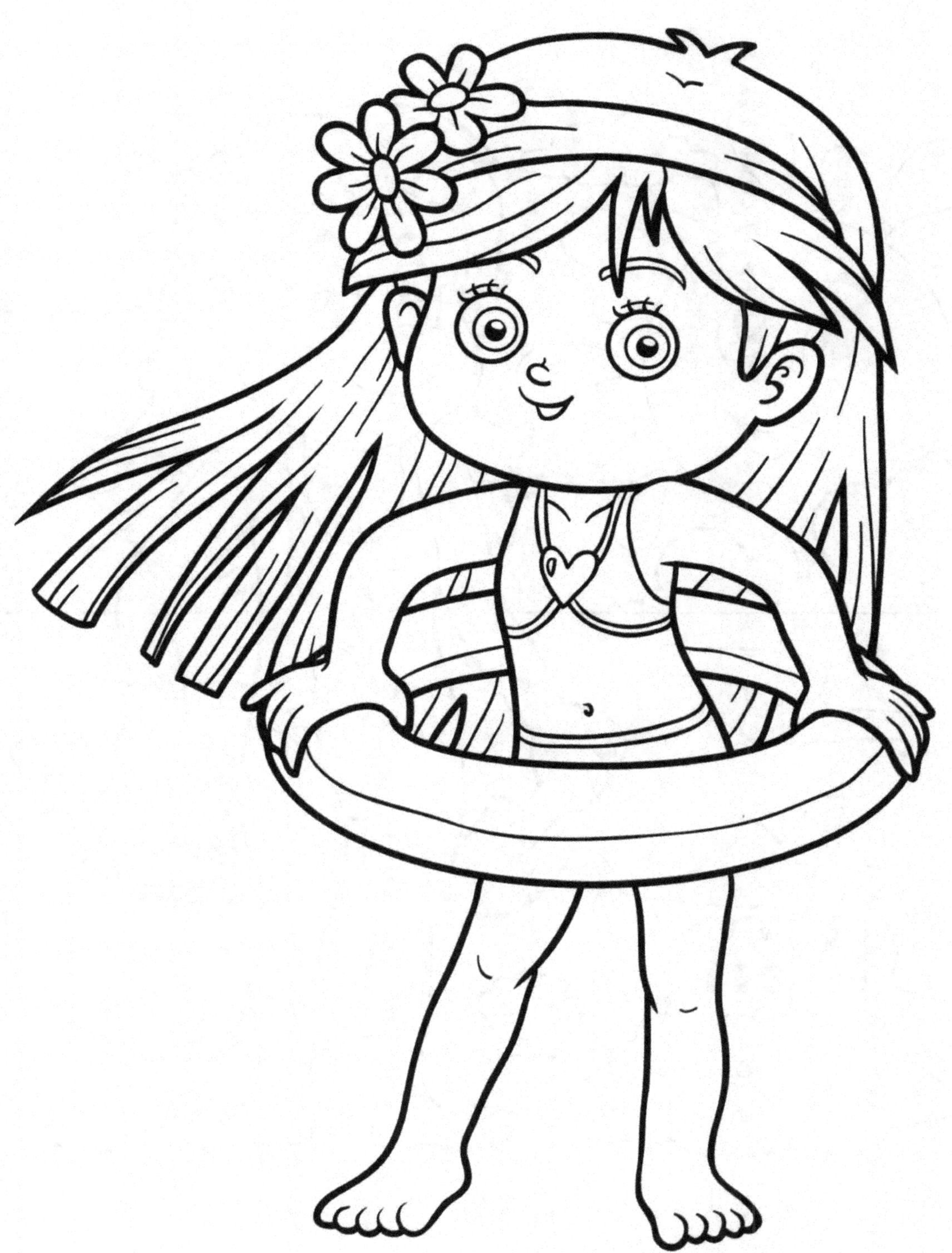

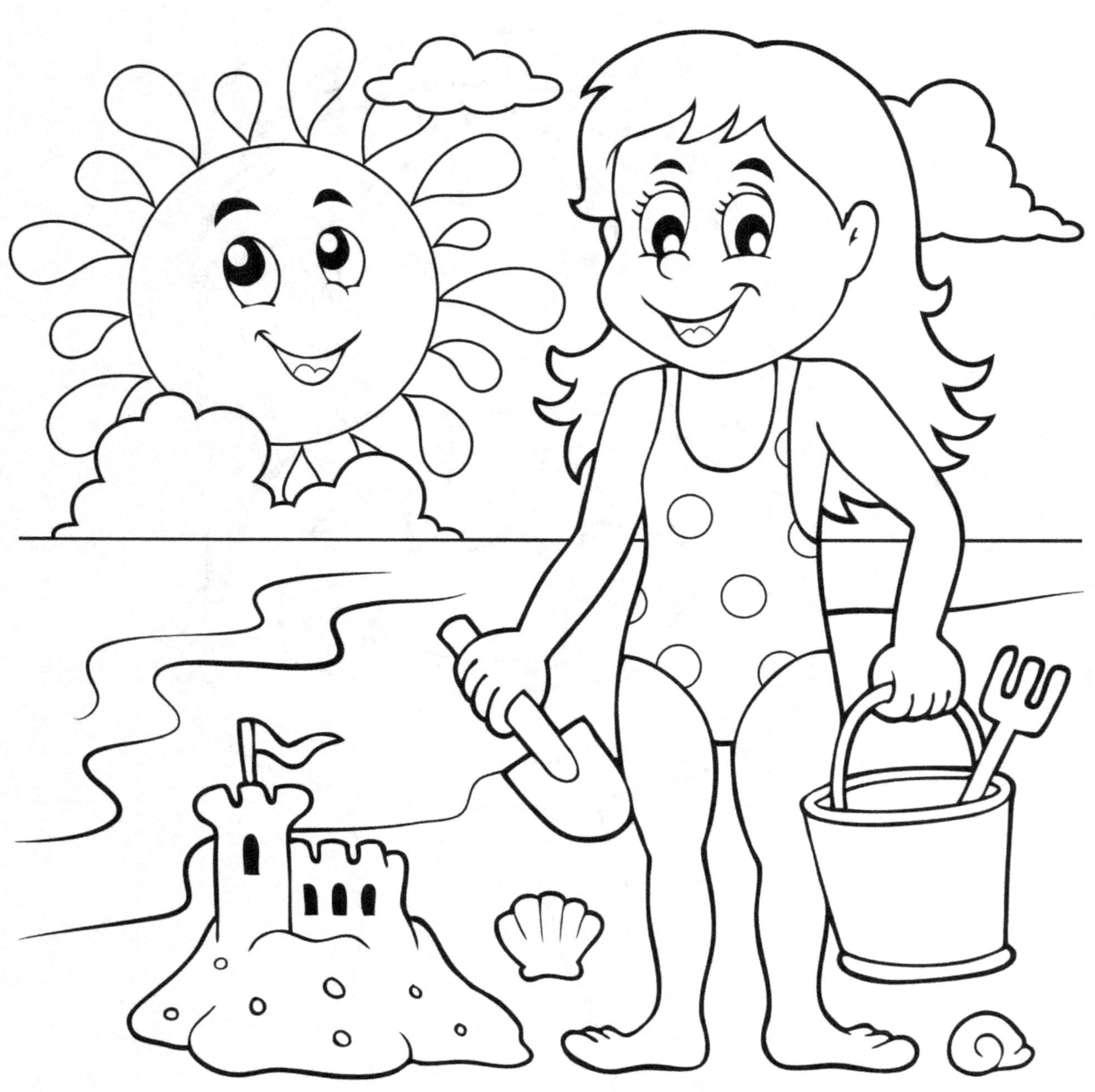

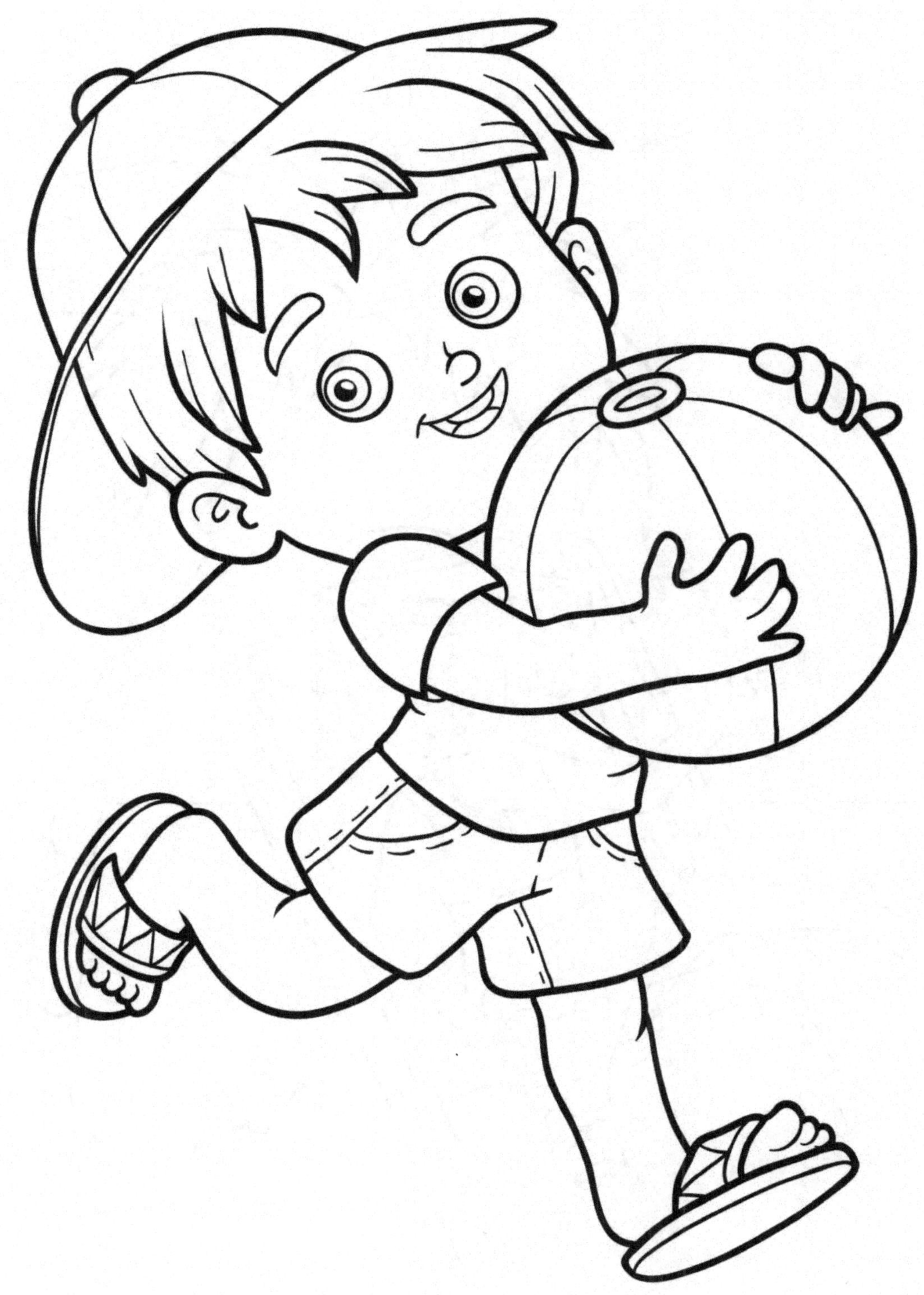

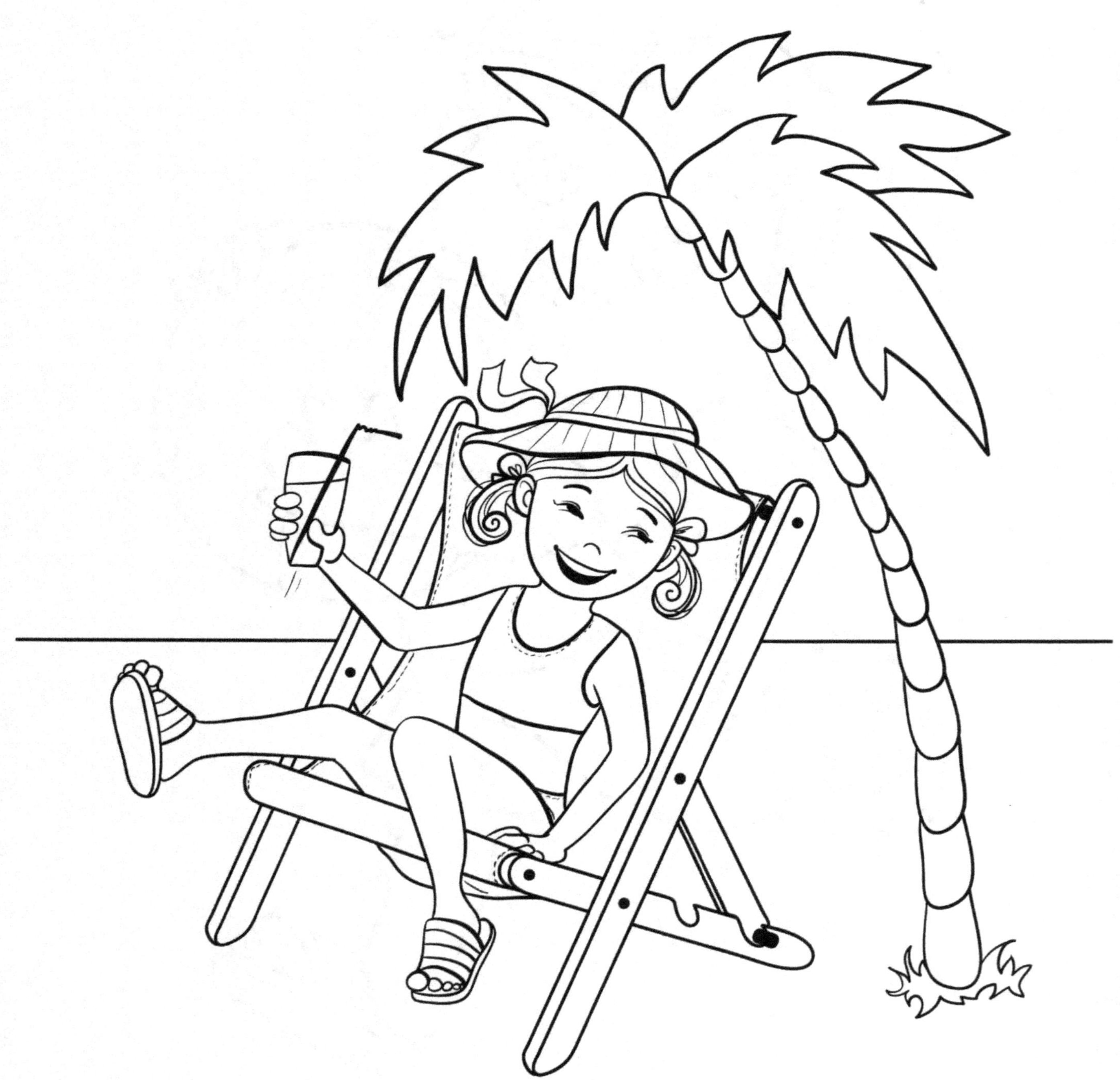

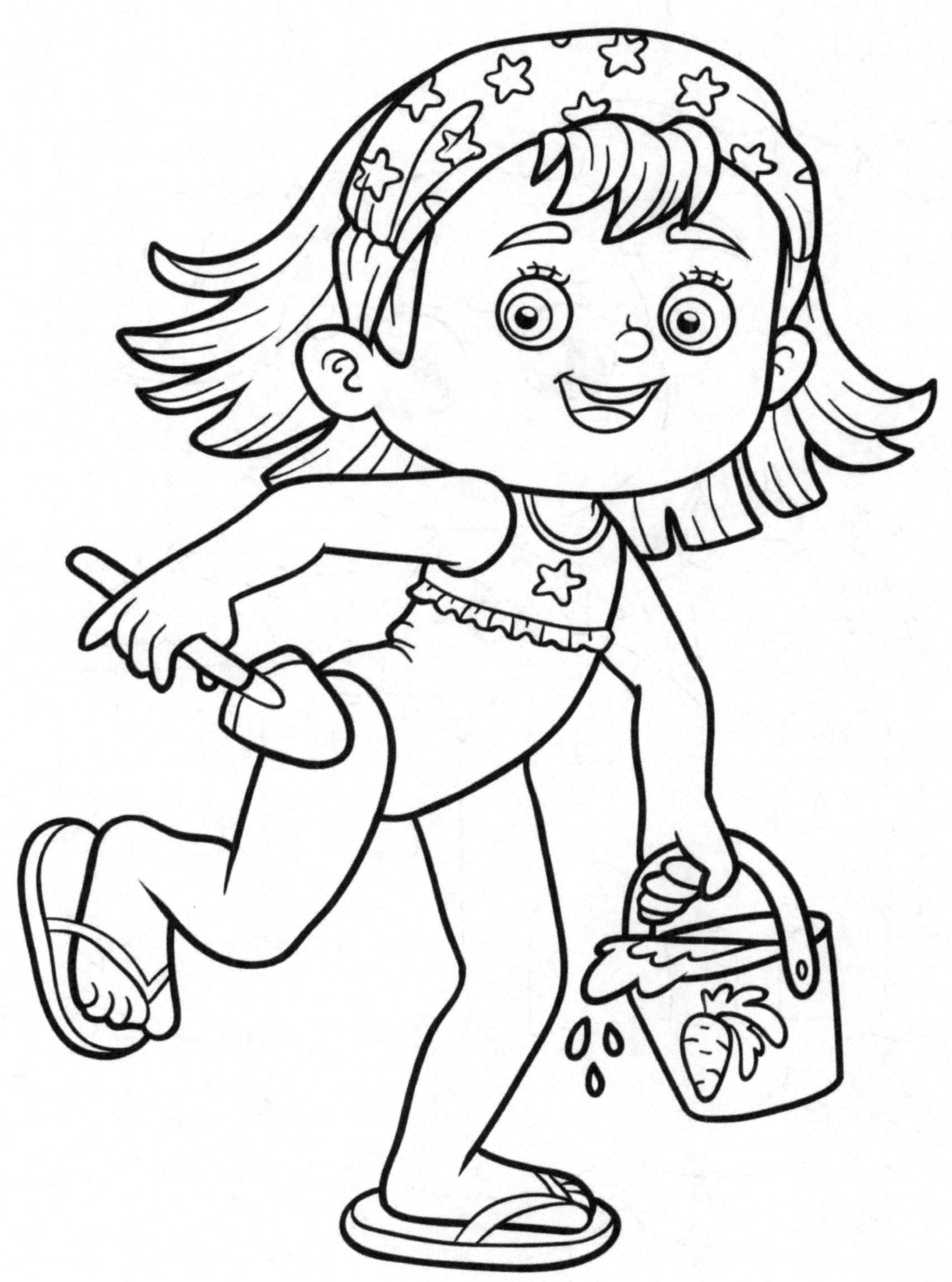

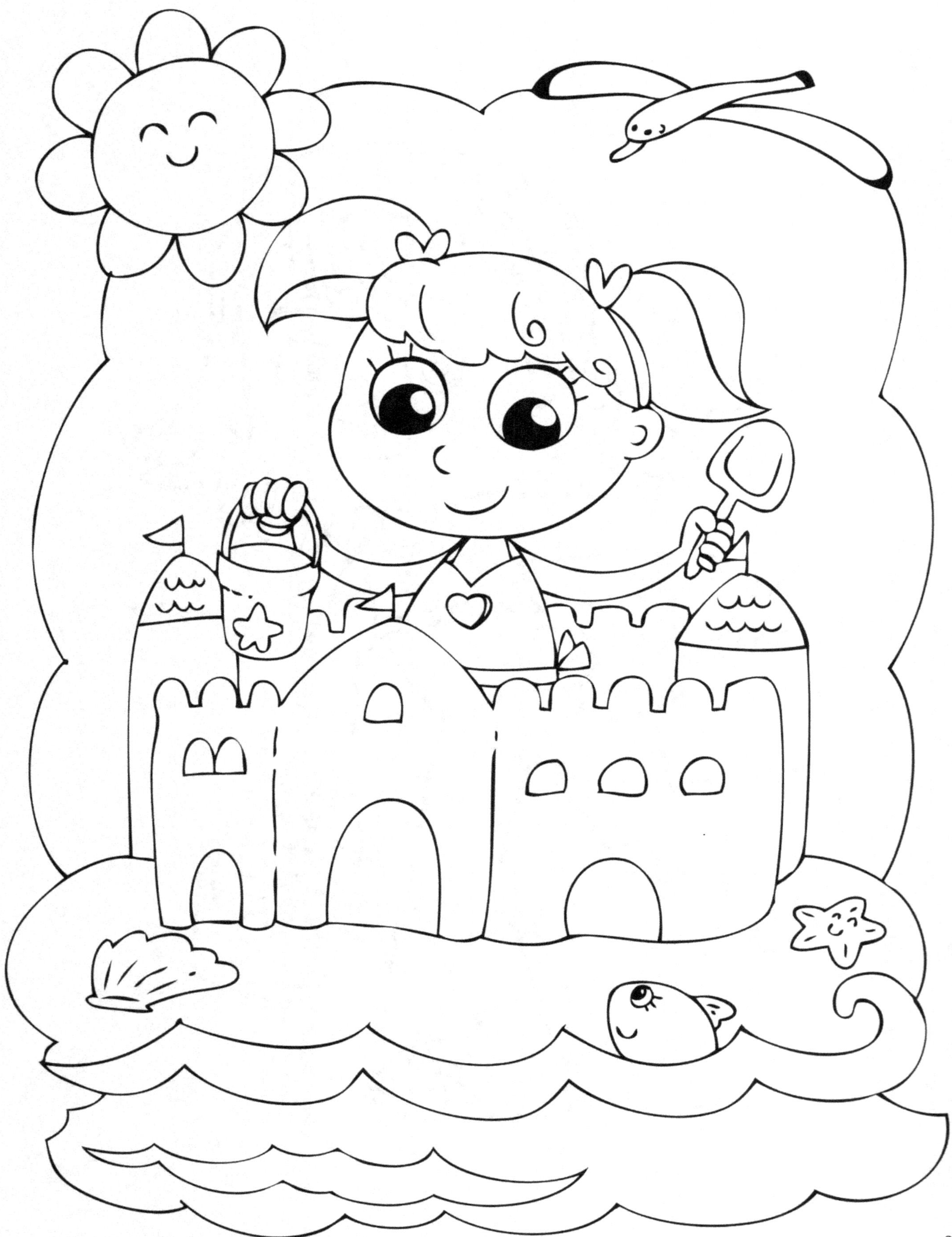

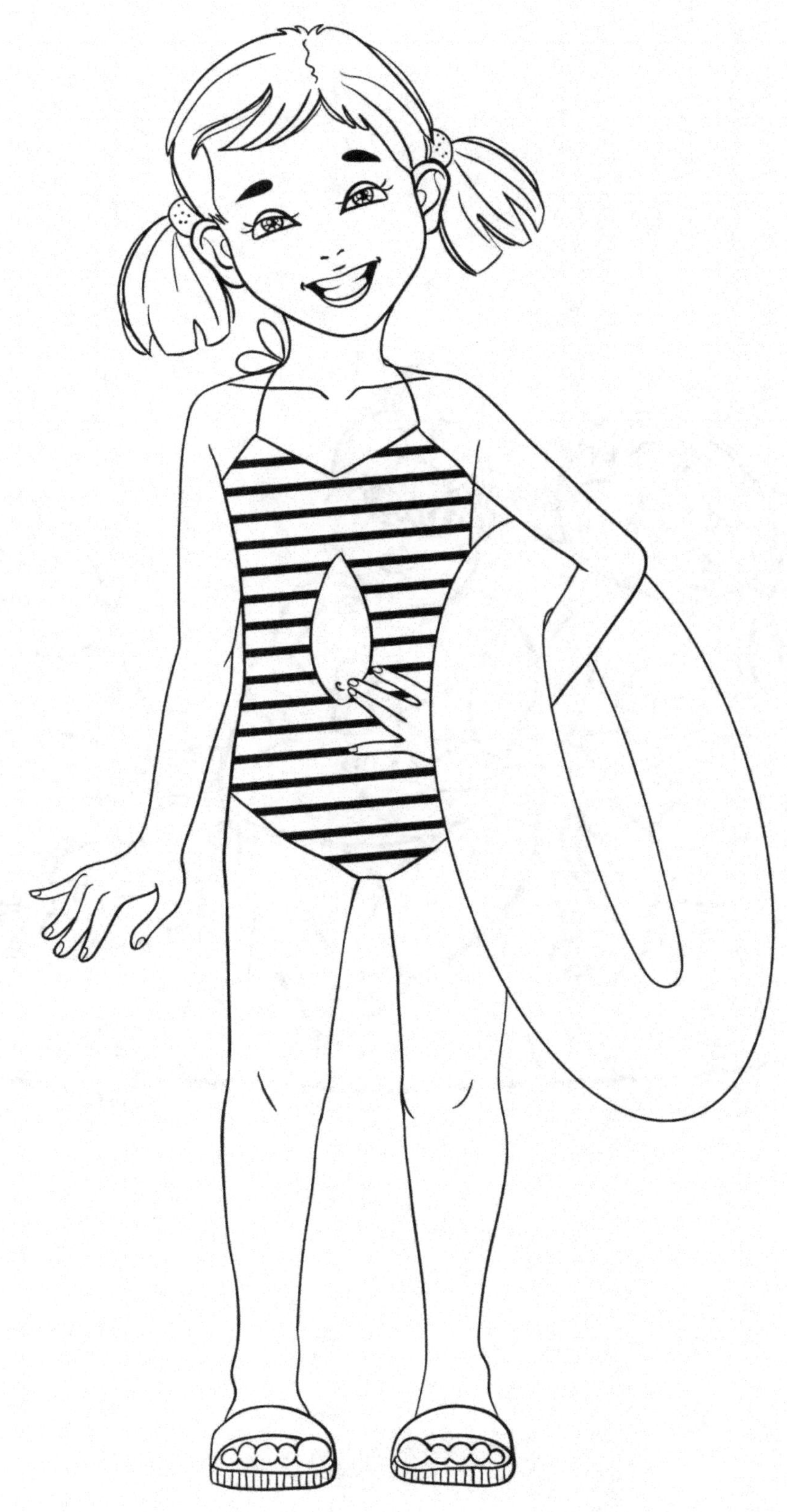

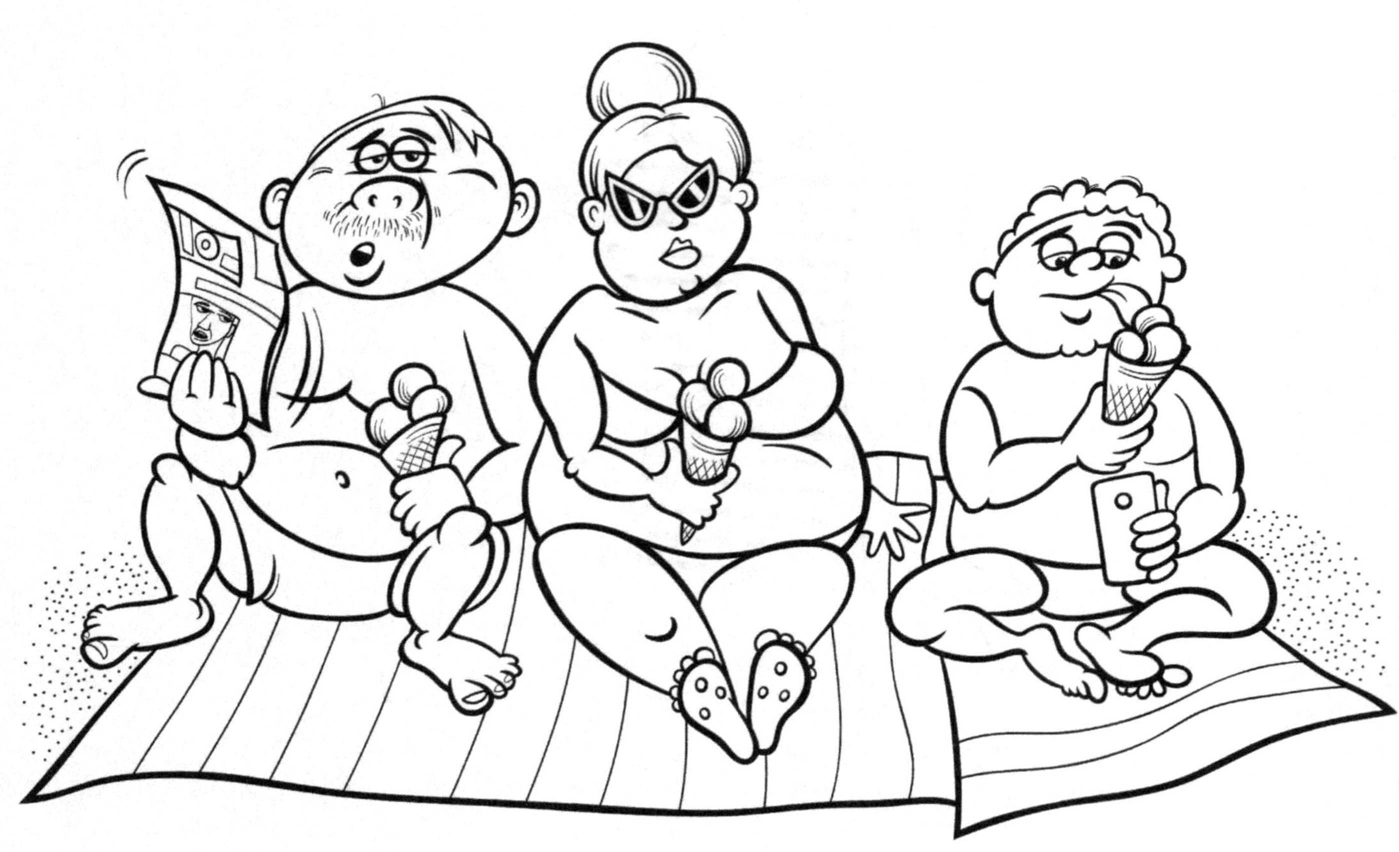

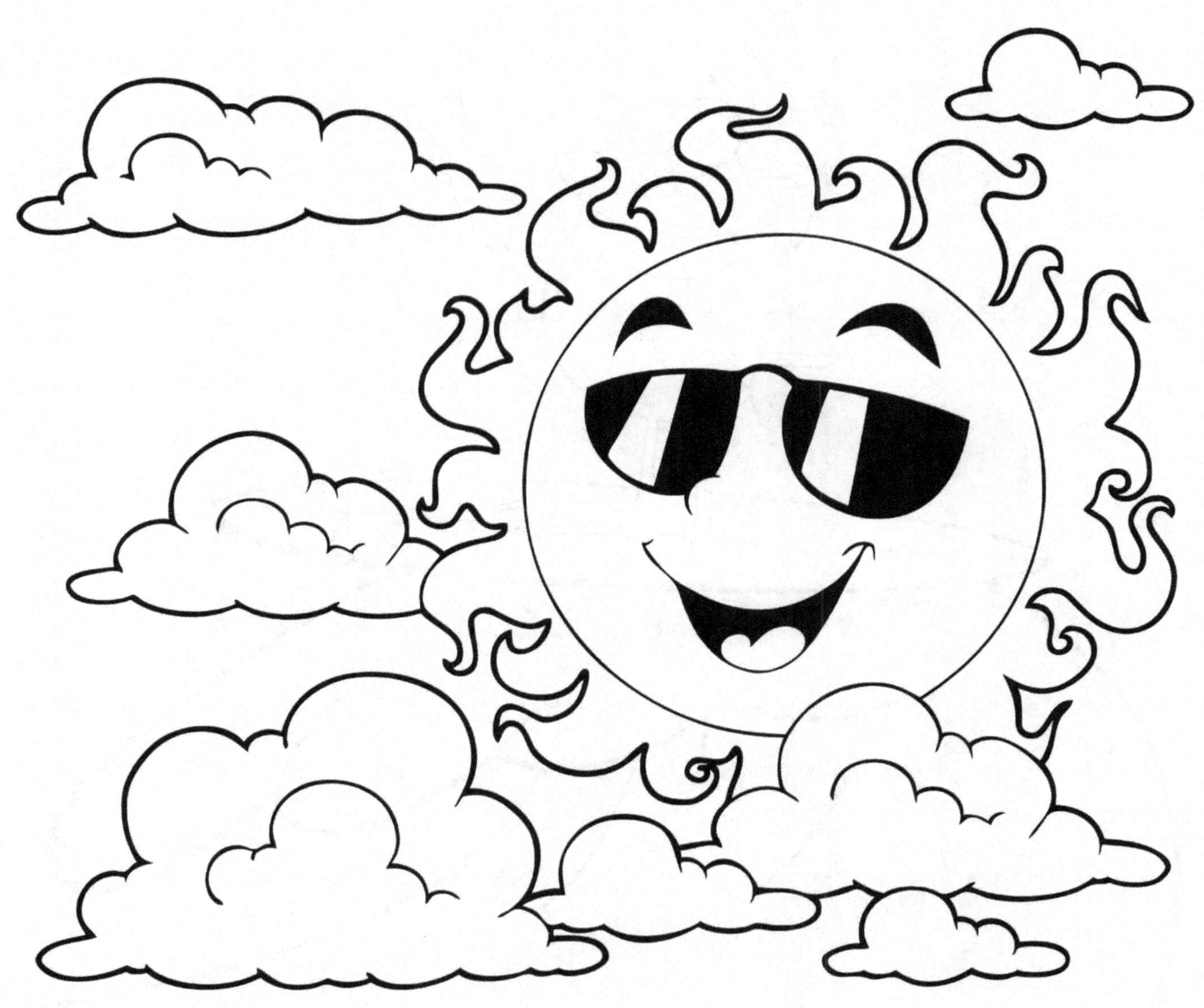

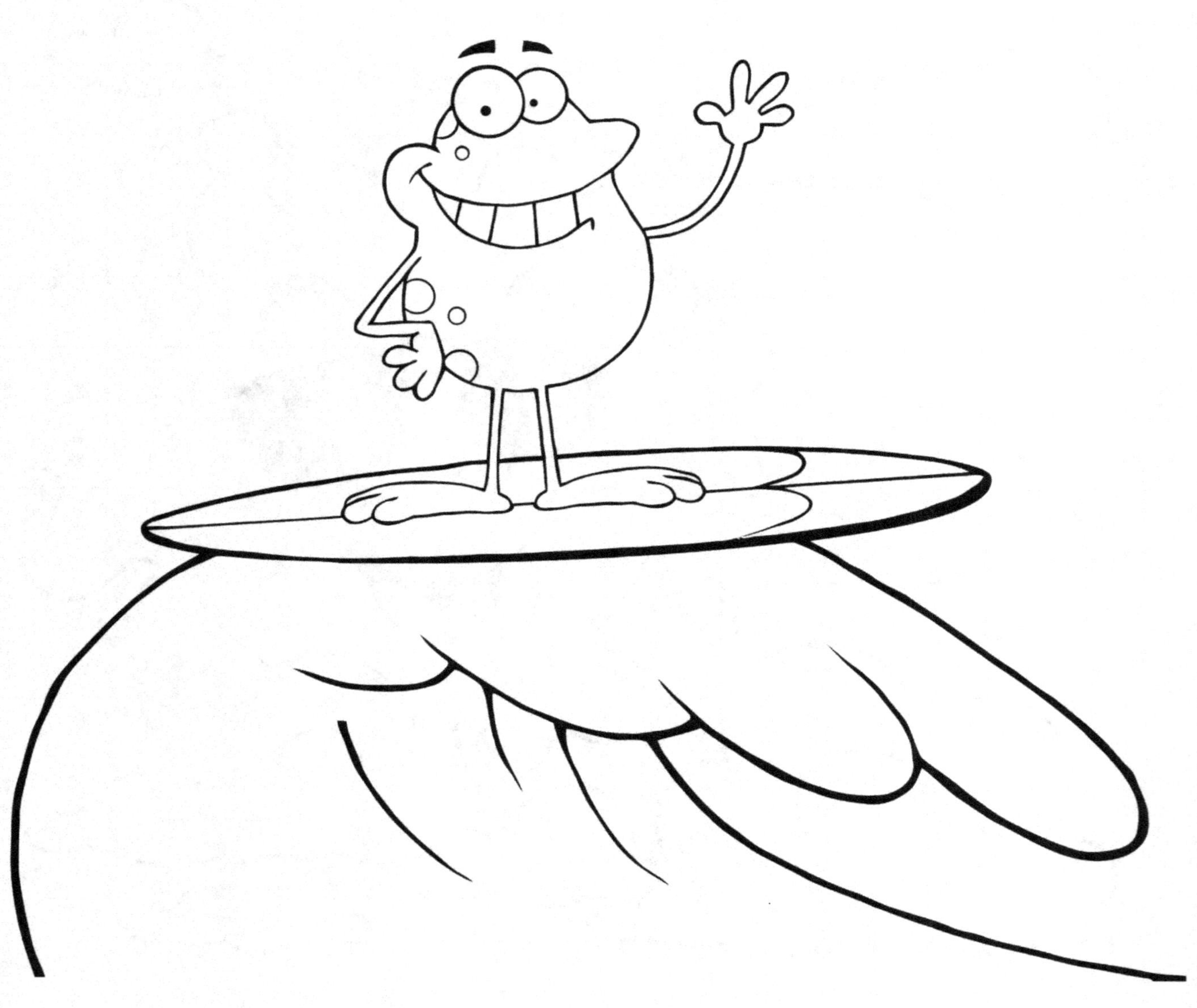

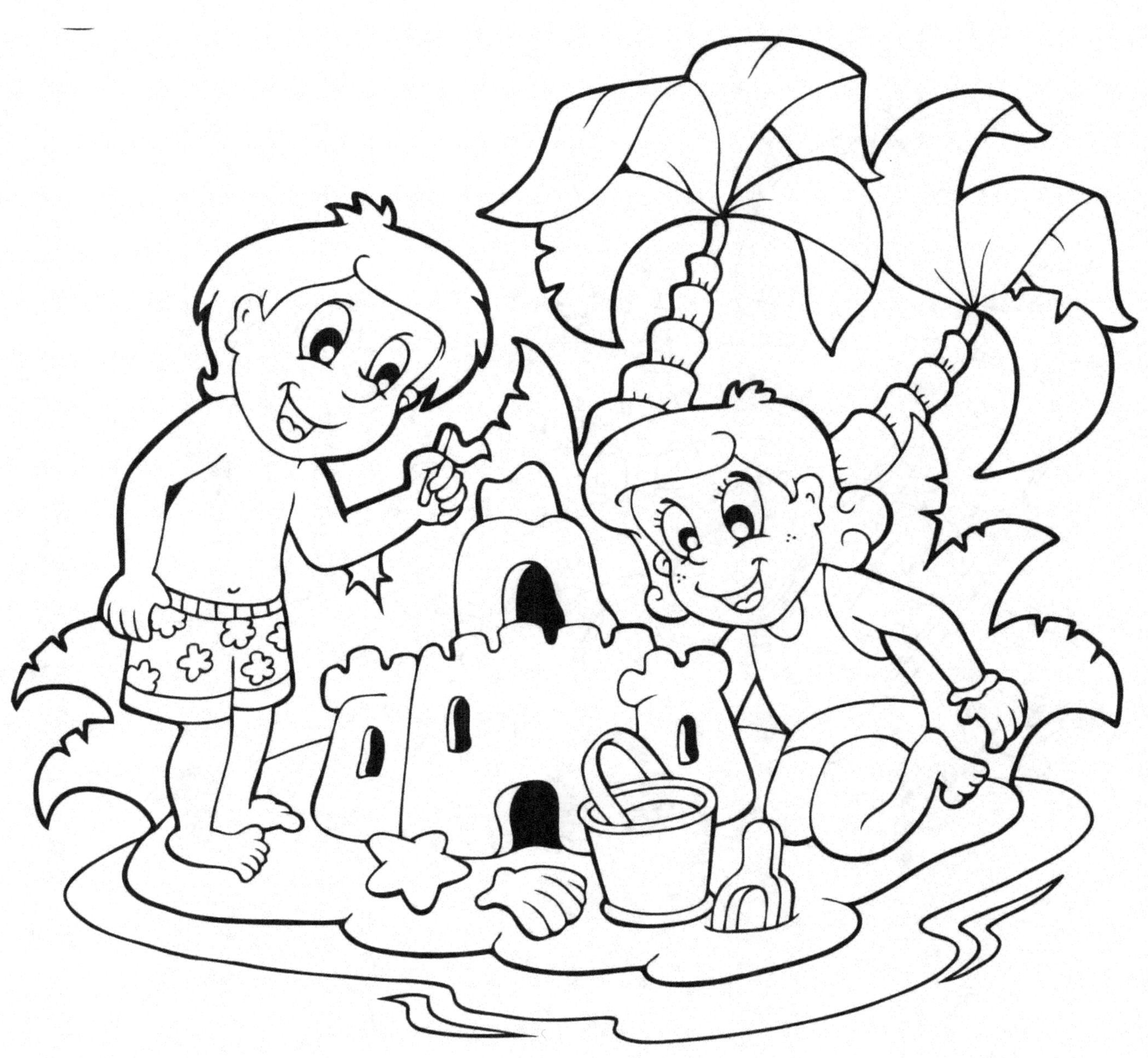

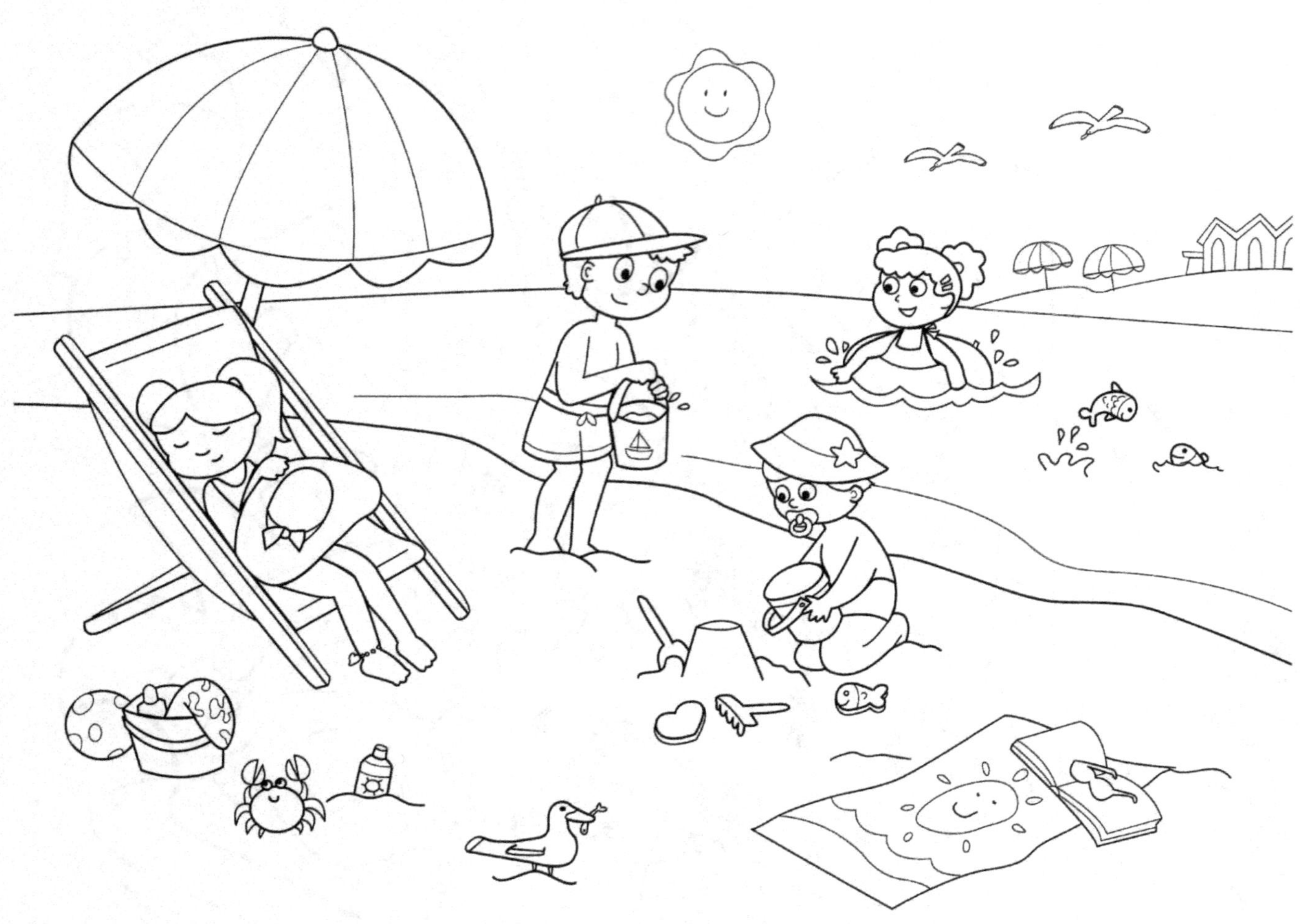

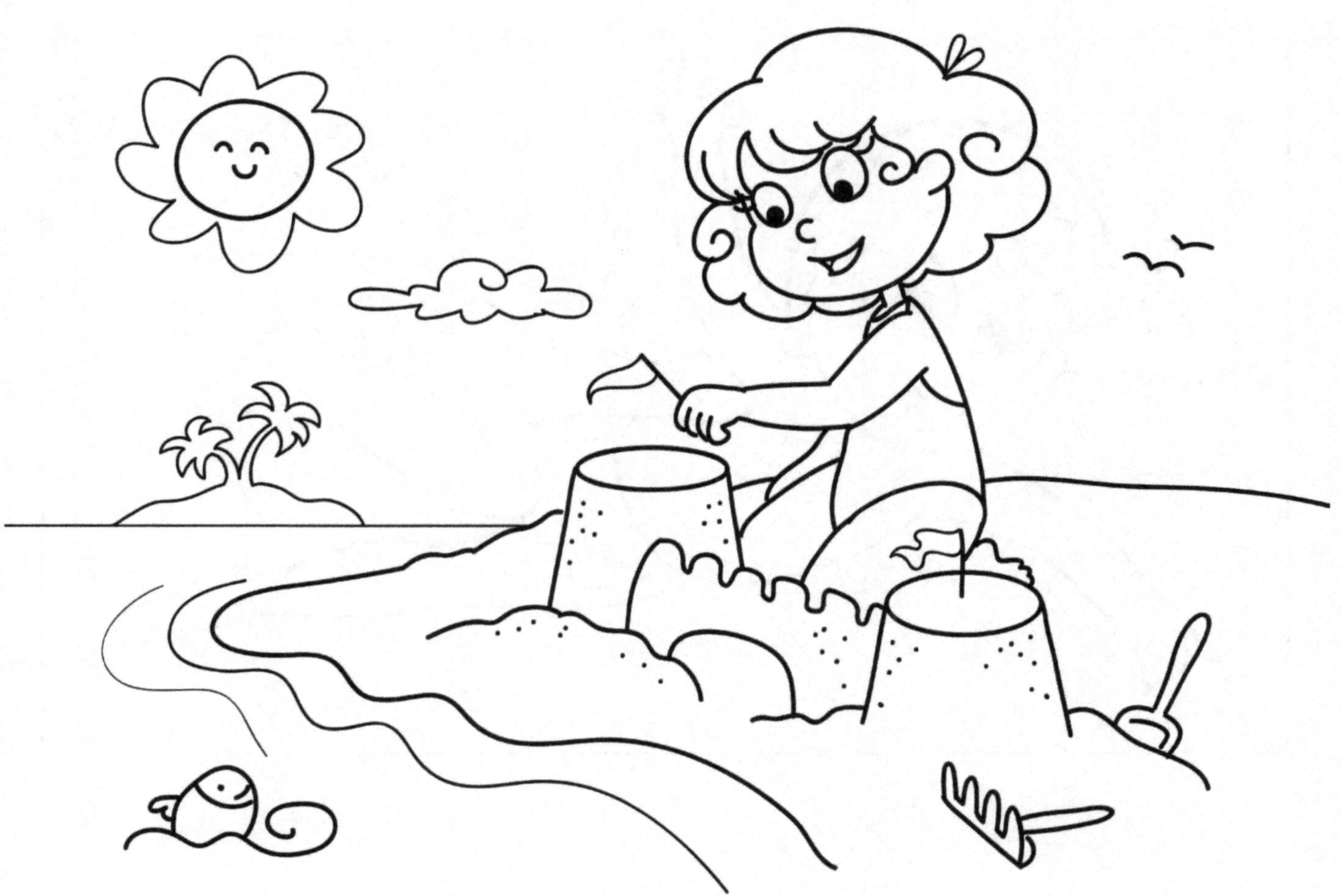

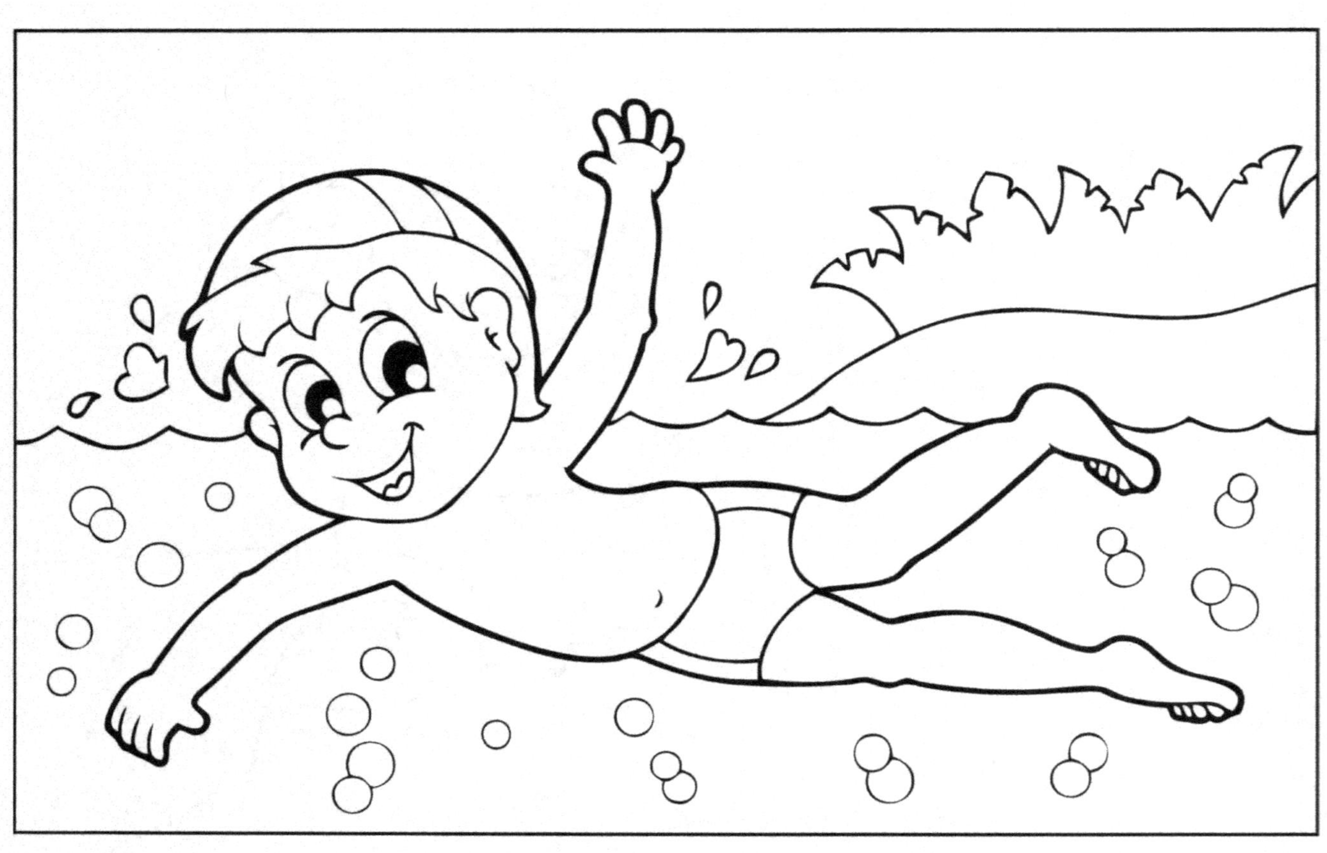

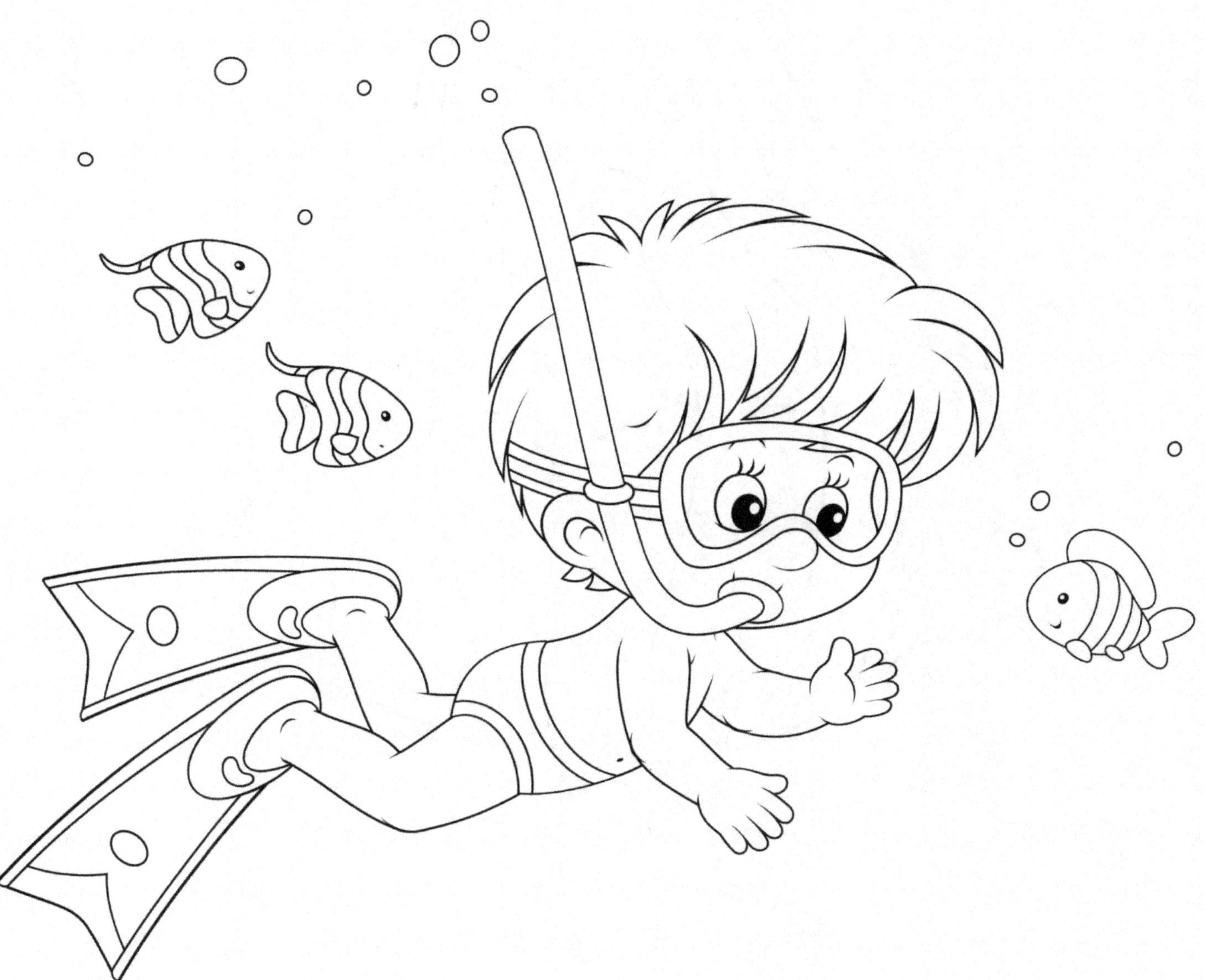

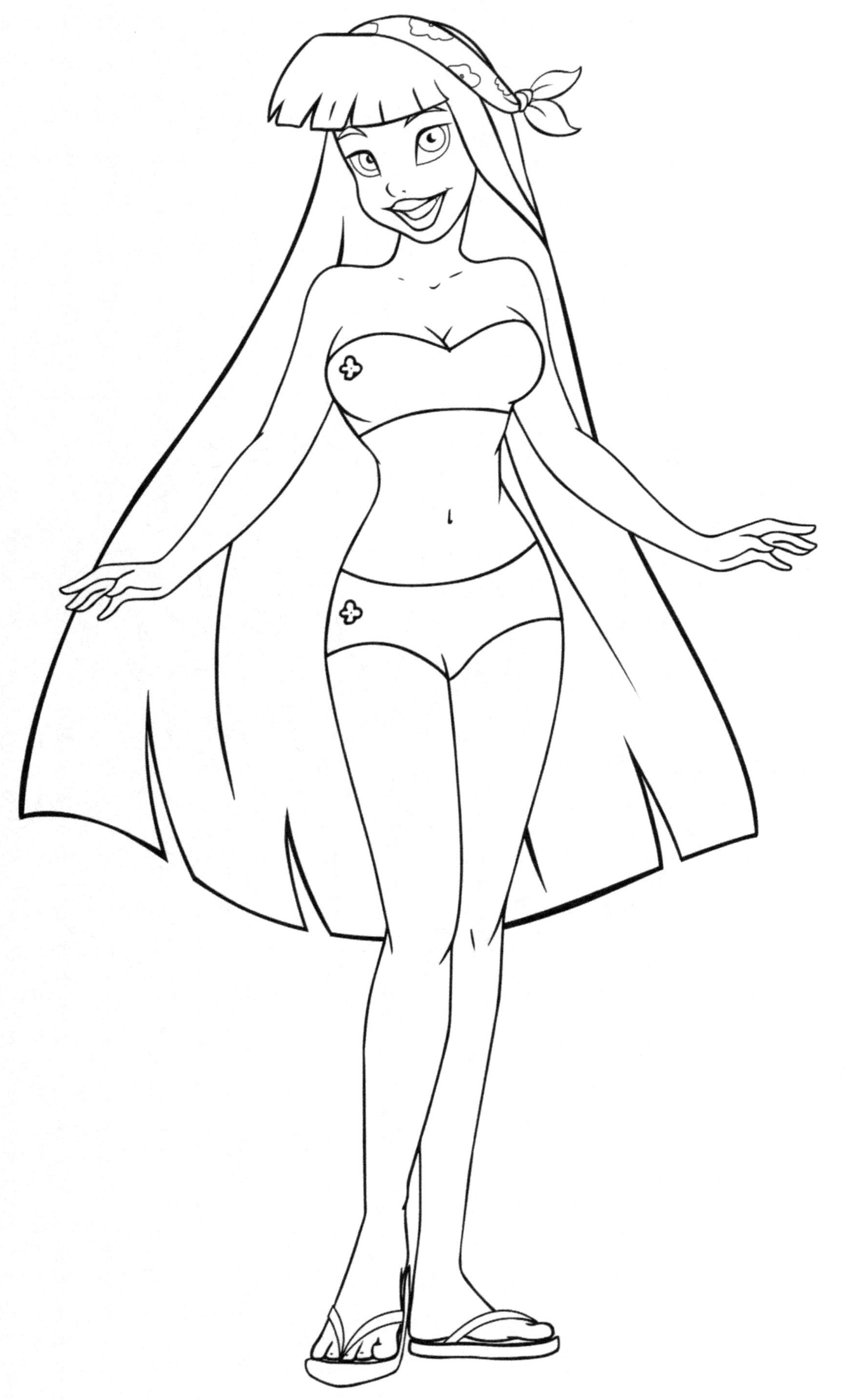

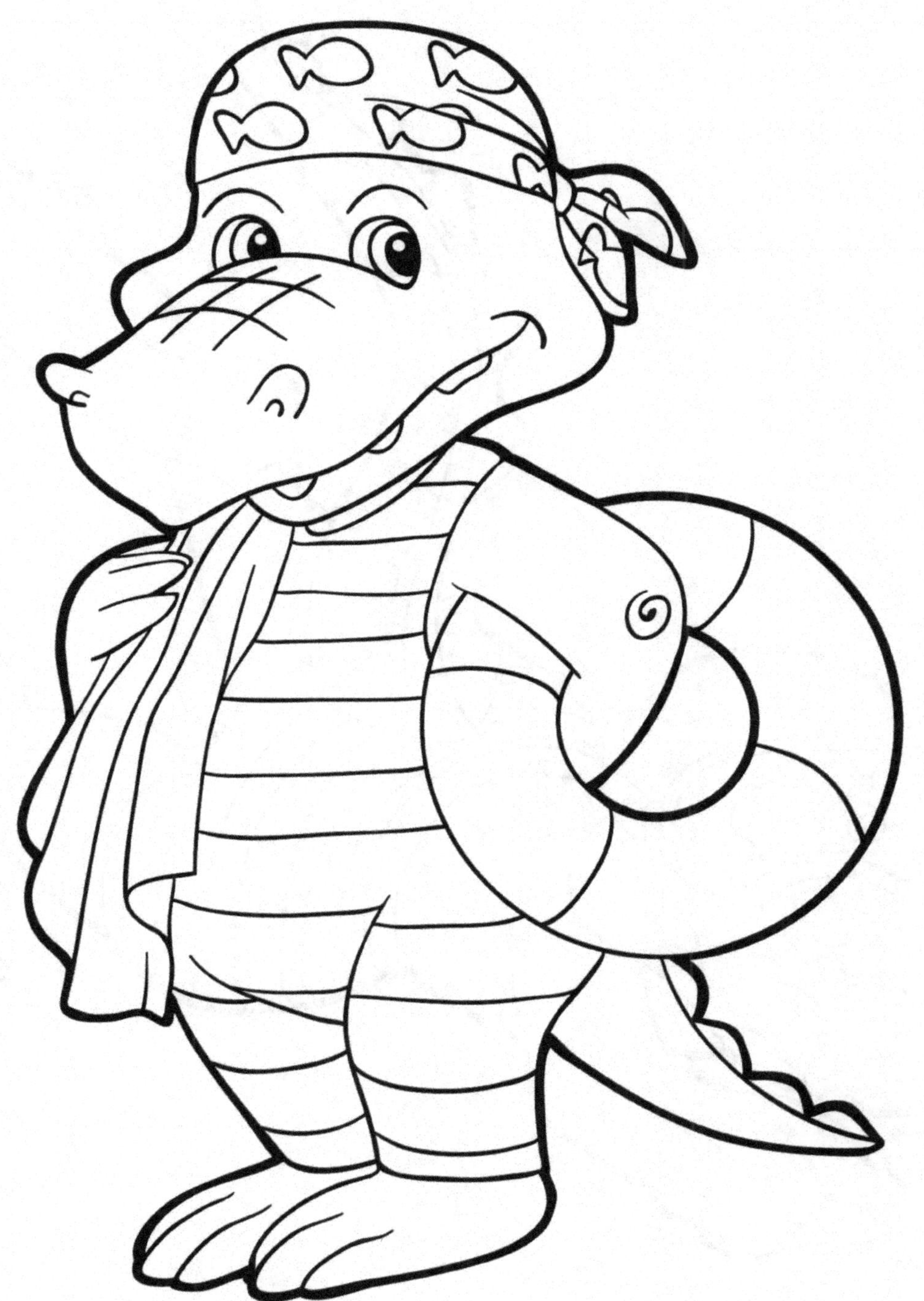

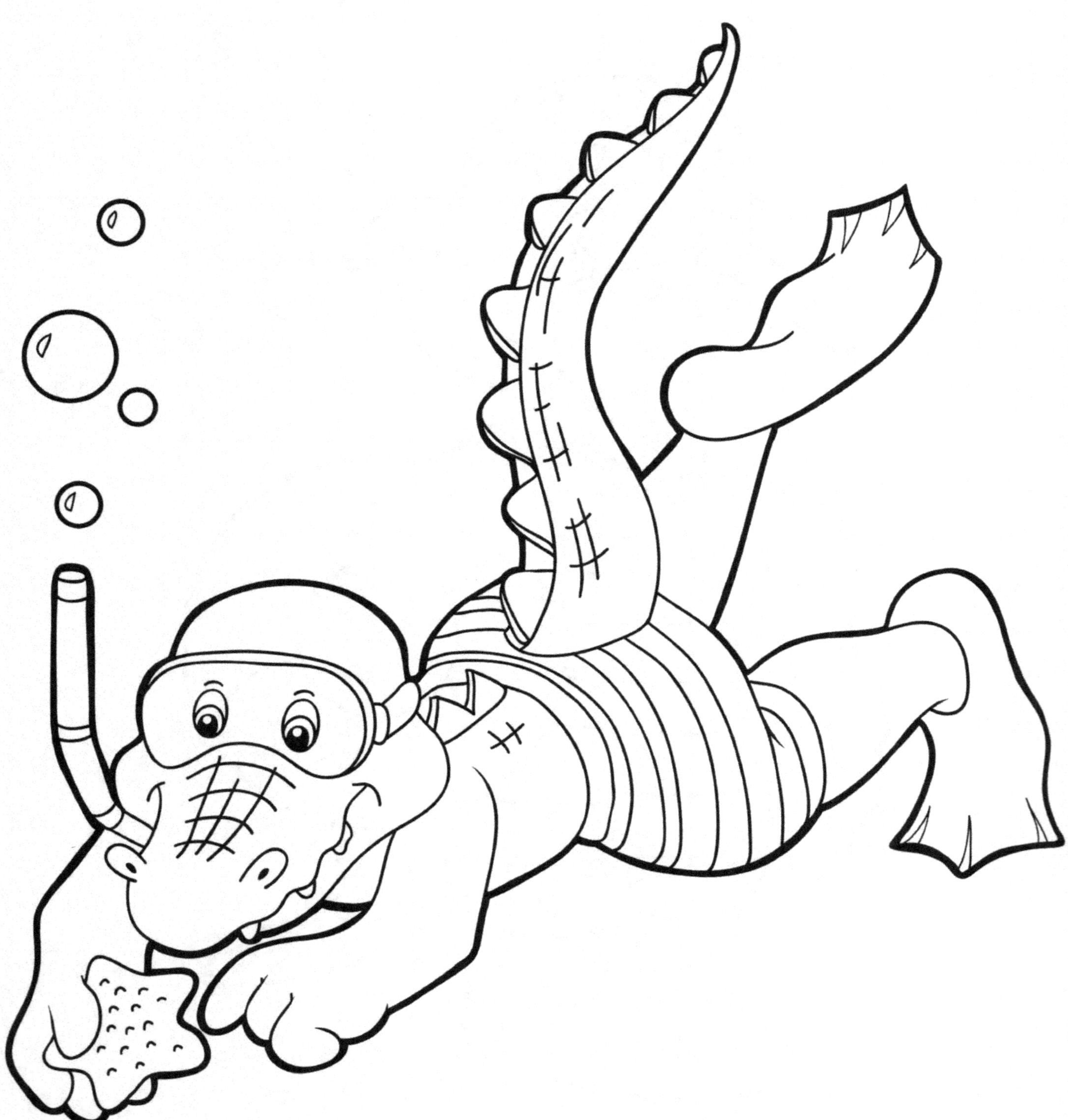

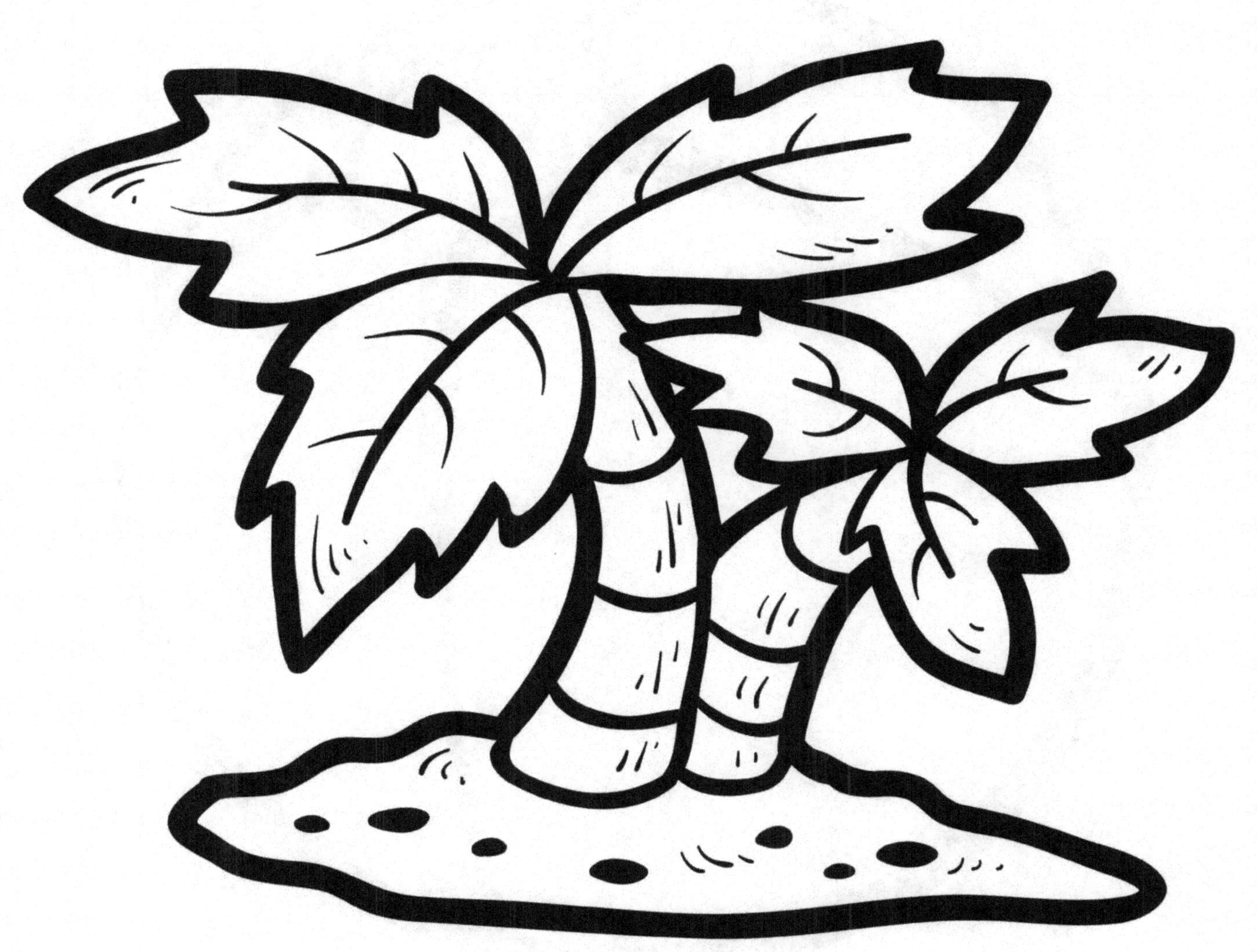

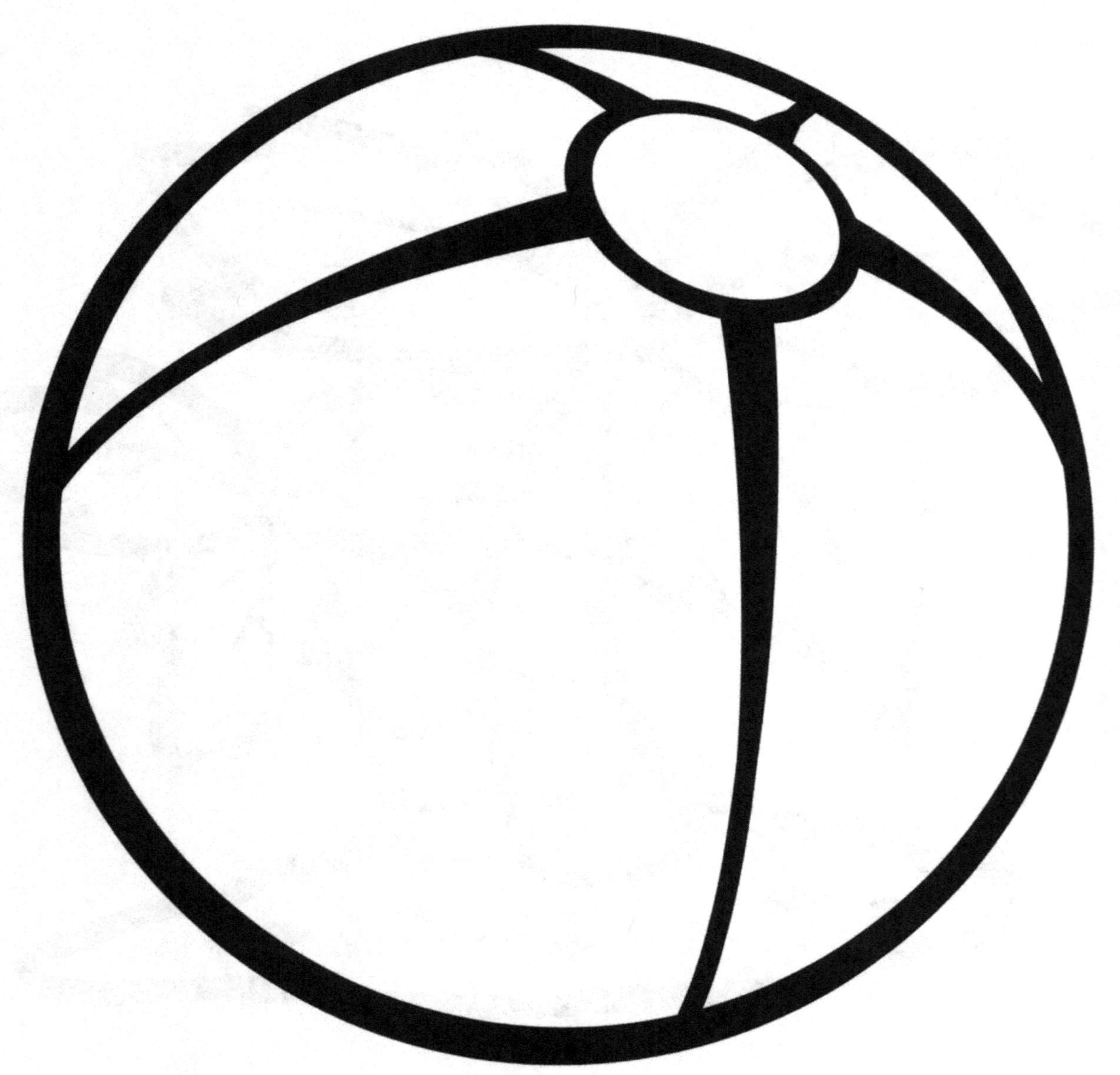

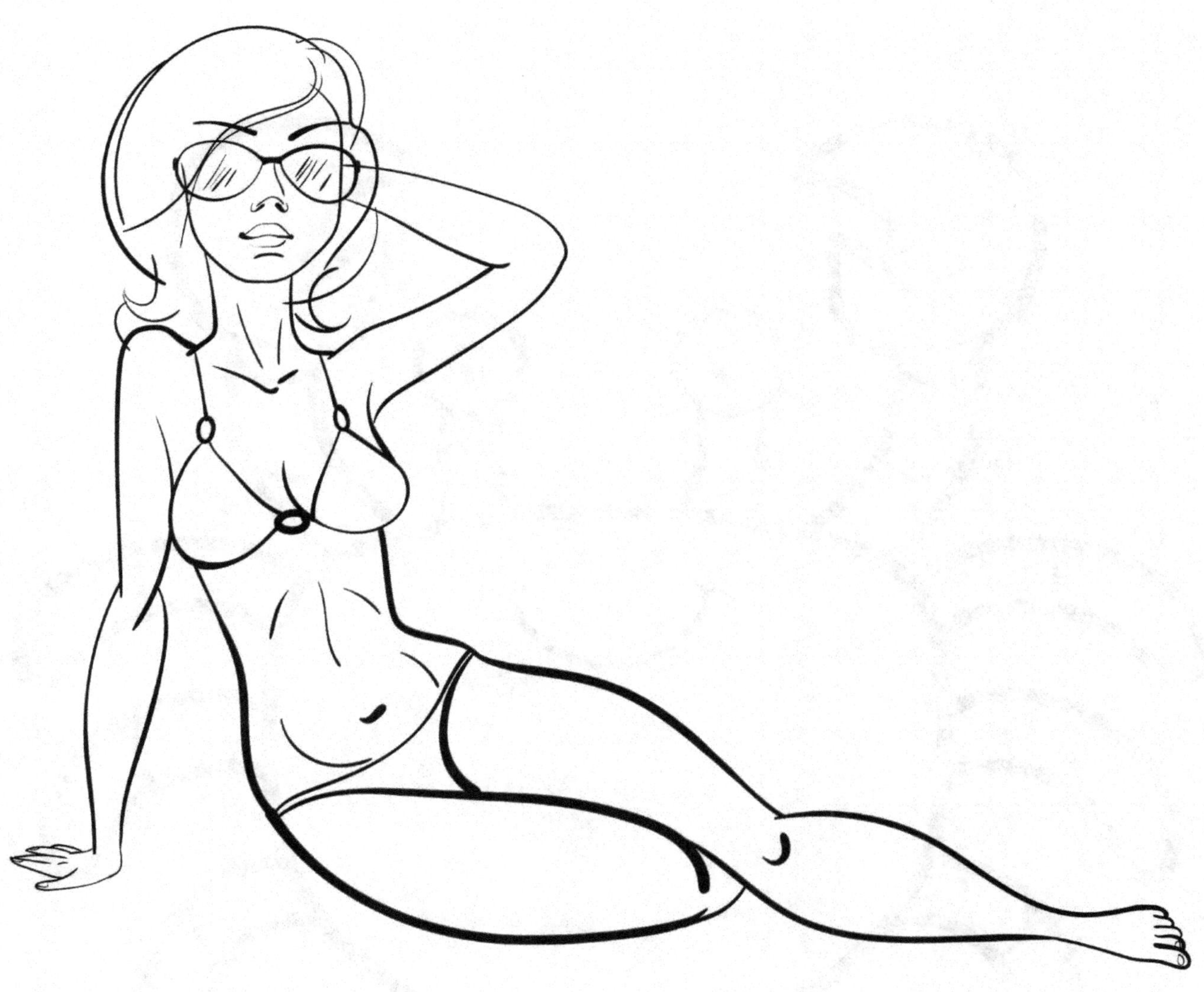

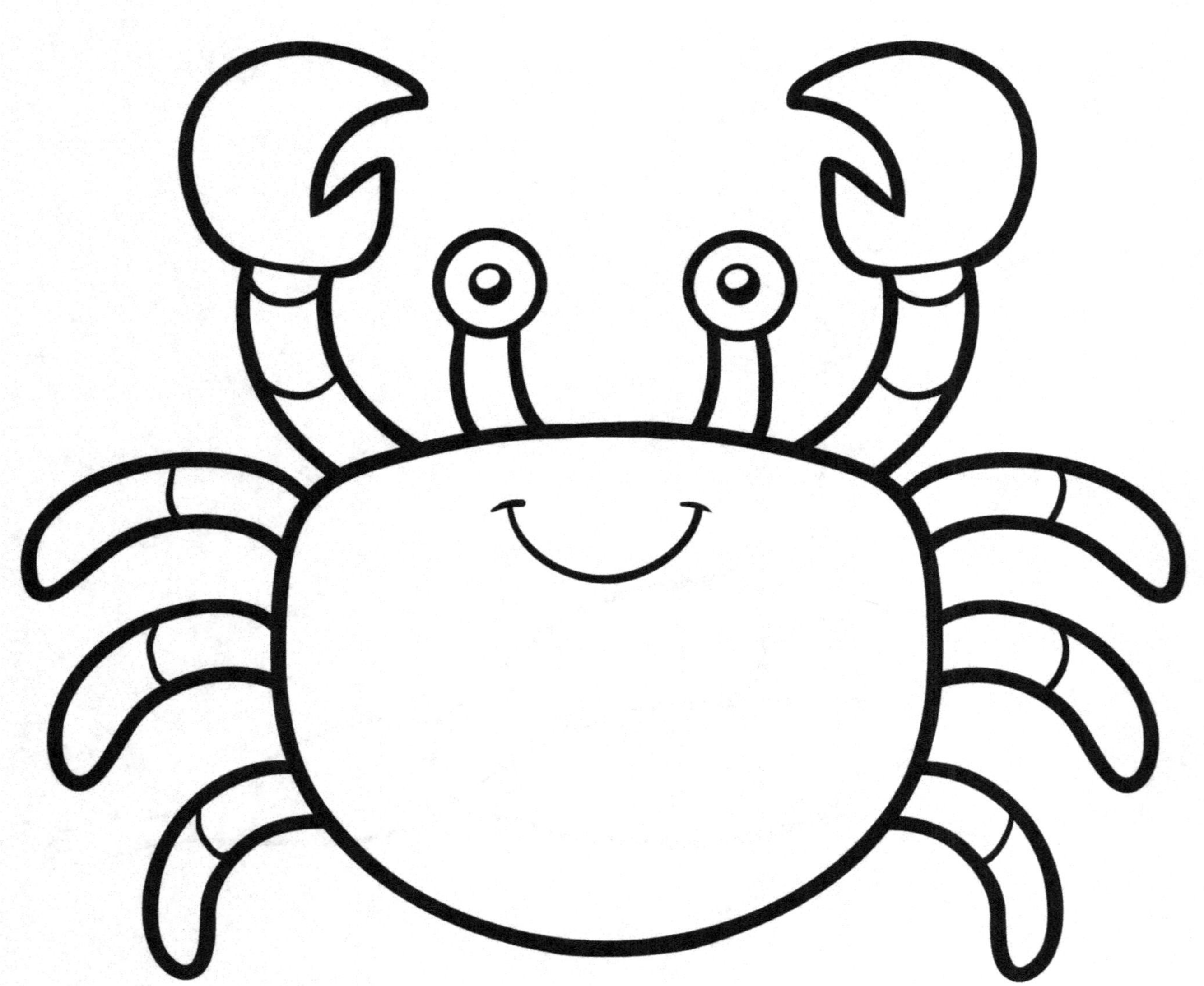

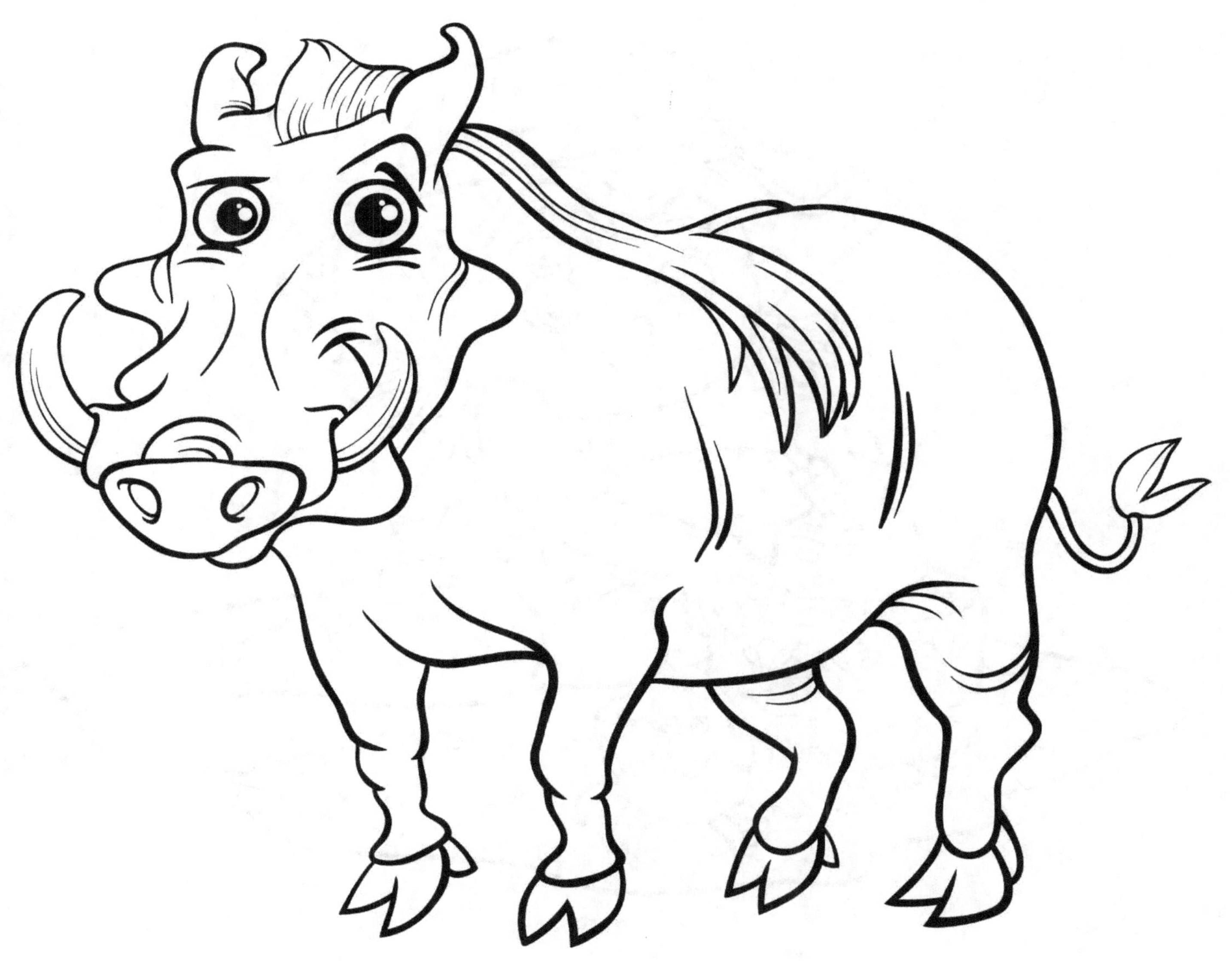

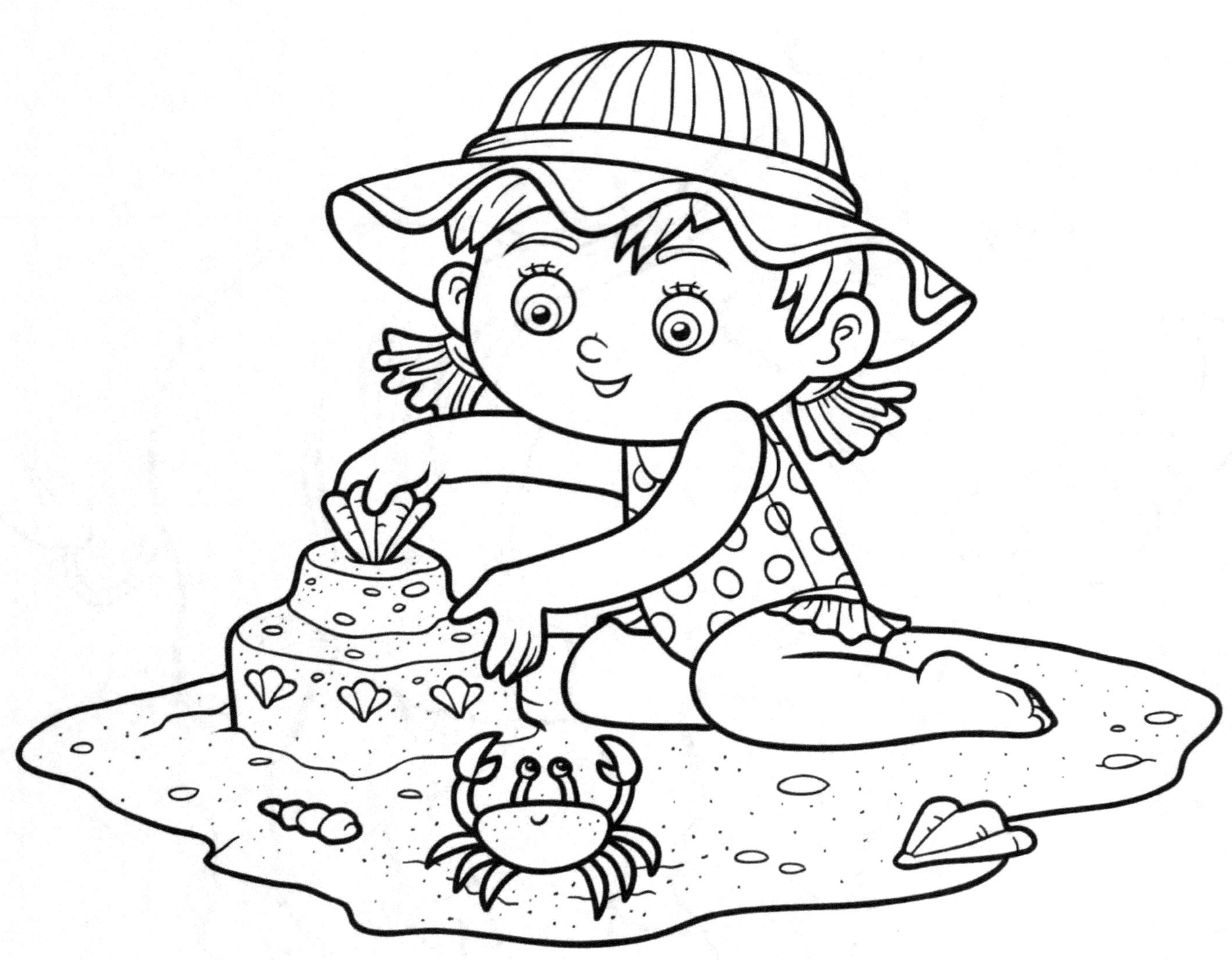

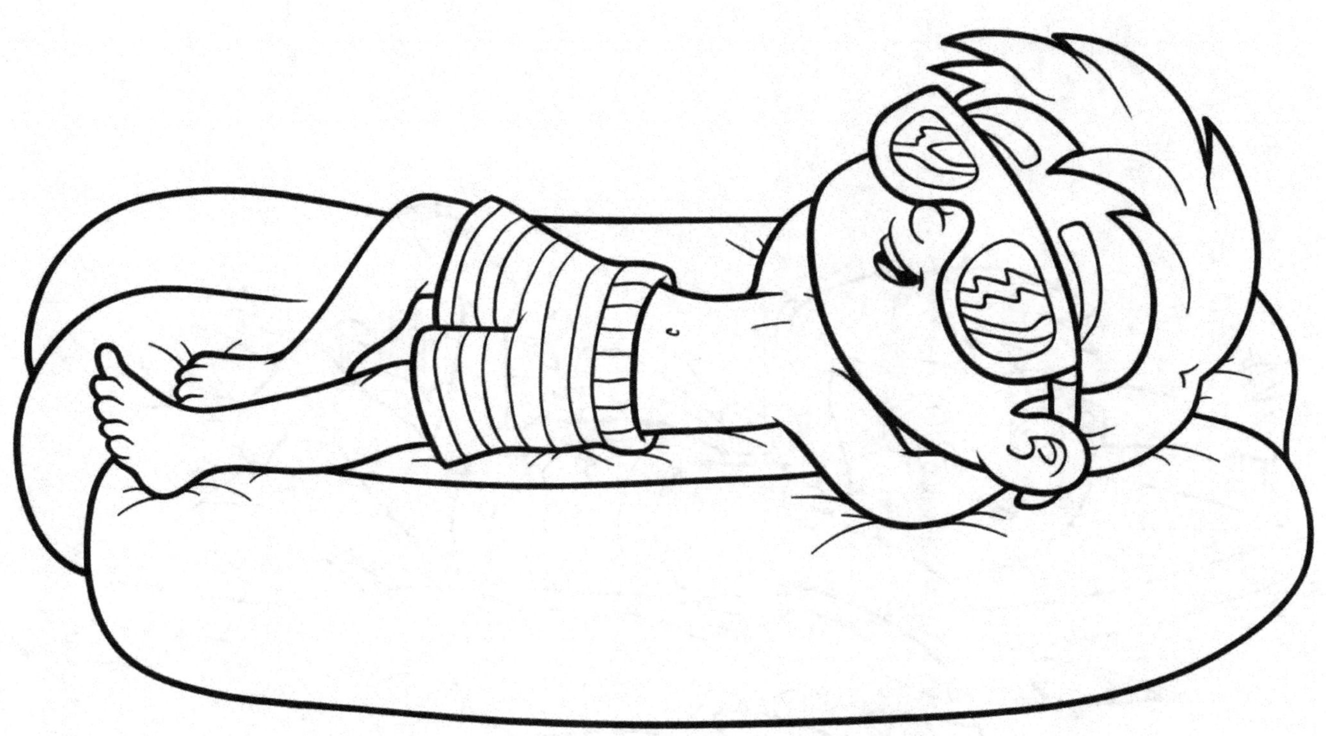

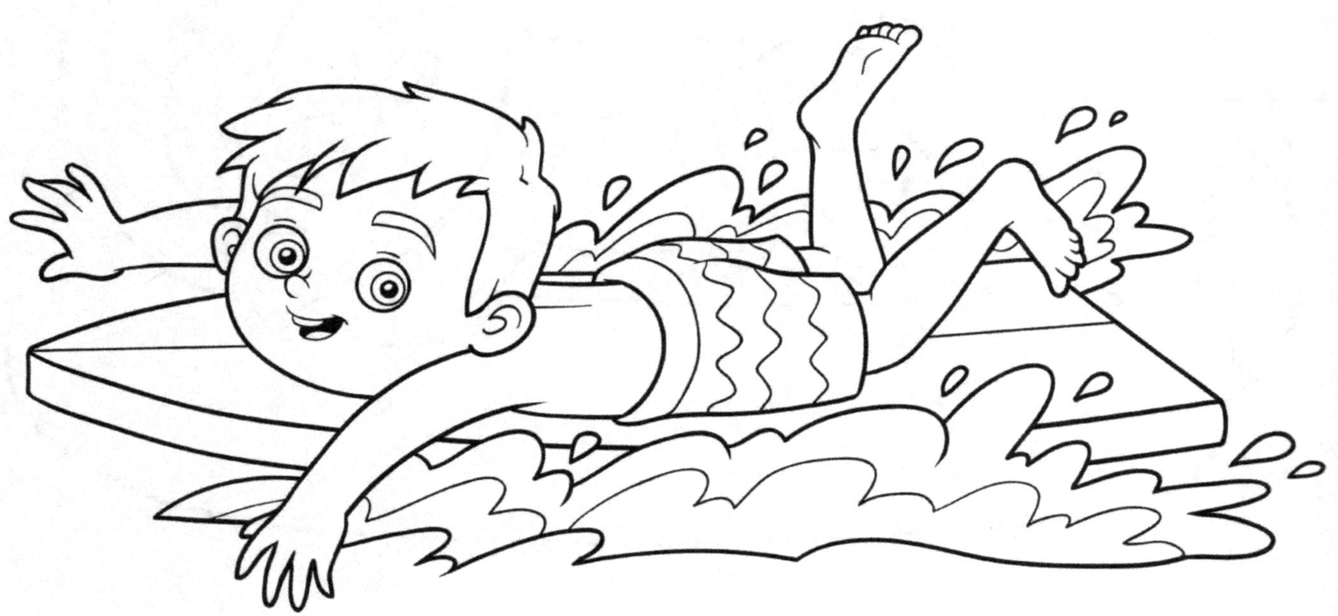

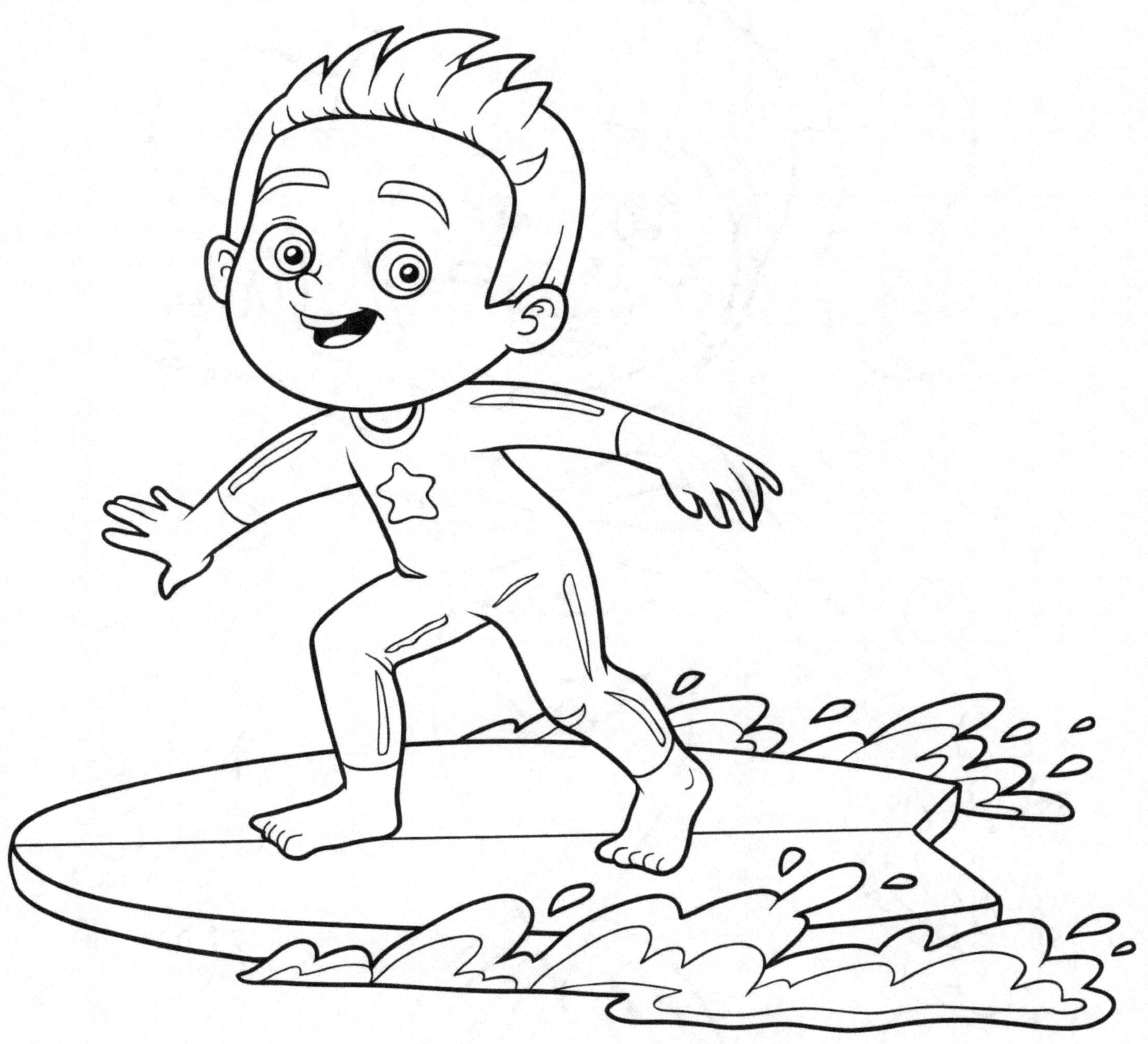

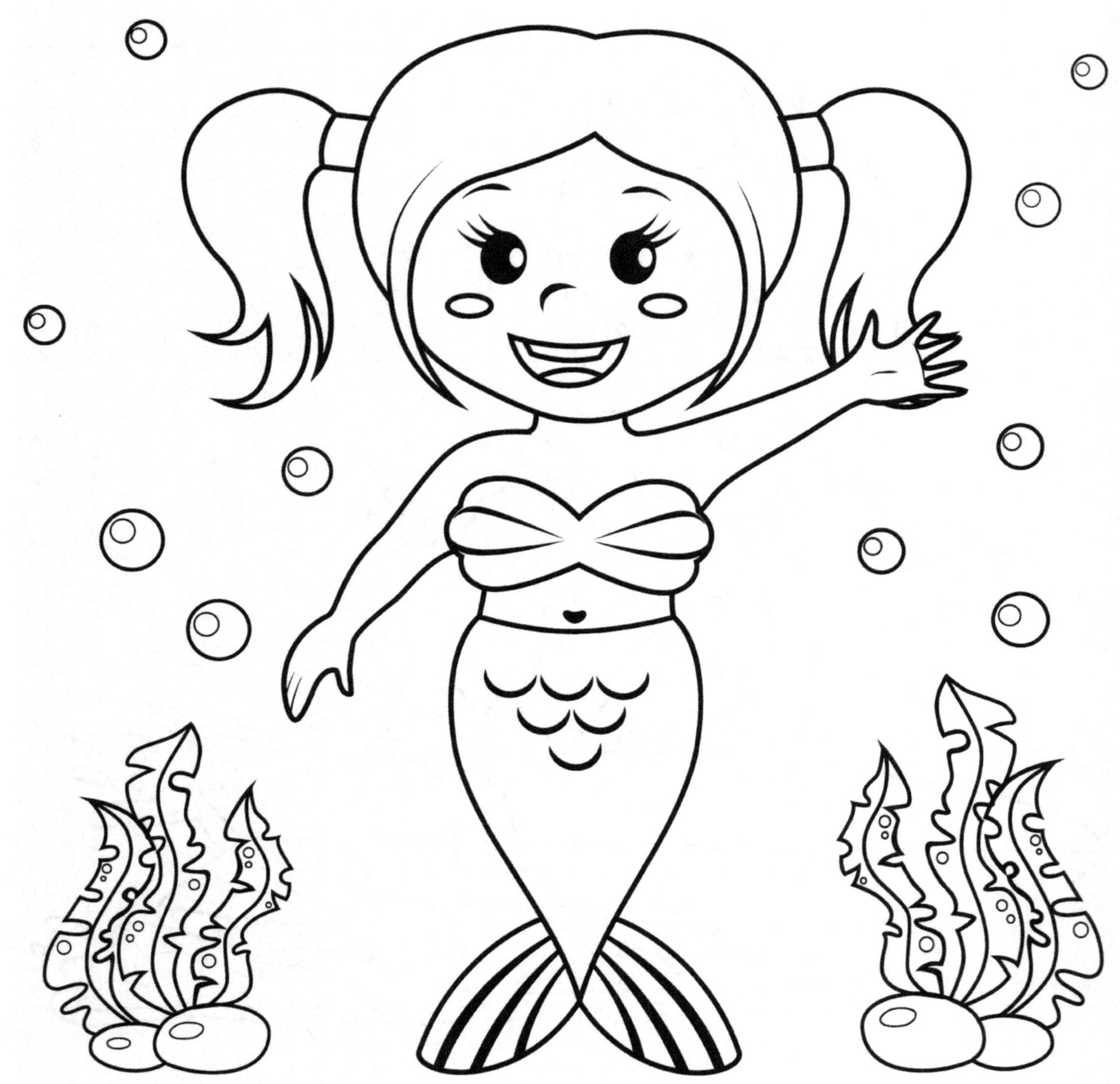